JN046142

あたま なでてもろてん

神内（かみうち）　八重（やえ）　詩集

田辺（たなべ）　玲（あきら）　絵

JUNIOR POEM SERIES

銀の鈴社

もくじ

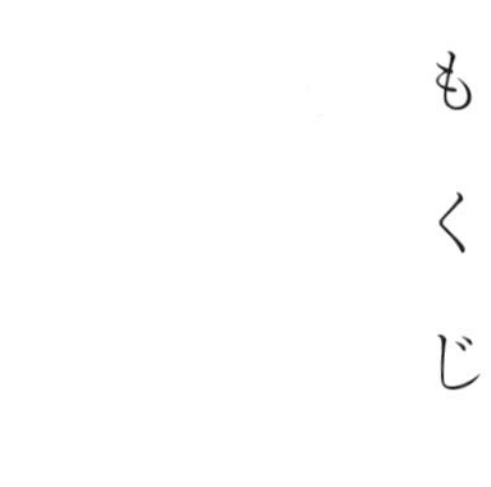

Ⅰ　あたま　なでてもろてん

Ⅱ　キンモクセイ

Ⅰ　あたま　なでてもろてん

子守(こも)りうた

春の綿雪(わたゆき)　うたってる
ねむれねむれと
メゾピアノ

赤ちゃん　とろとろ
二分休符(にぶきゅうふ)
ときどきめざめて
四(し)分休符

春の綿雪　うたってる
ねんねんよい子と
ピアニッシモ

赤ちゃん　とろとろ
おちちのにおい
かあさんにだっこの
ゆめみてる

春の綿雪
子守りうた

にぎにぎ

あかちゃんが
にぎにぎしている
おててをグーして
にぎにぎしている
はるは
はなのかおりを

なつは
セミのなきごえを
あきは
ゆうやけぐもを
ふゆは
ゆきうさぎのしっぽを
いっぱいいいっぱい
にぎにぎしている

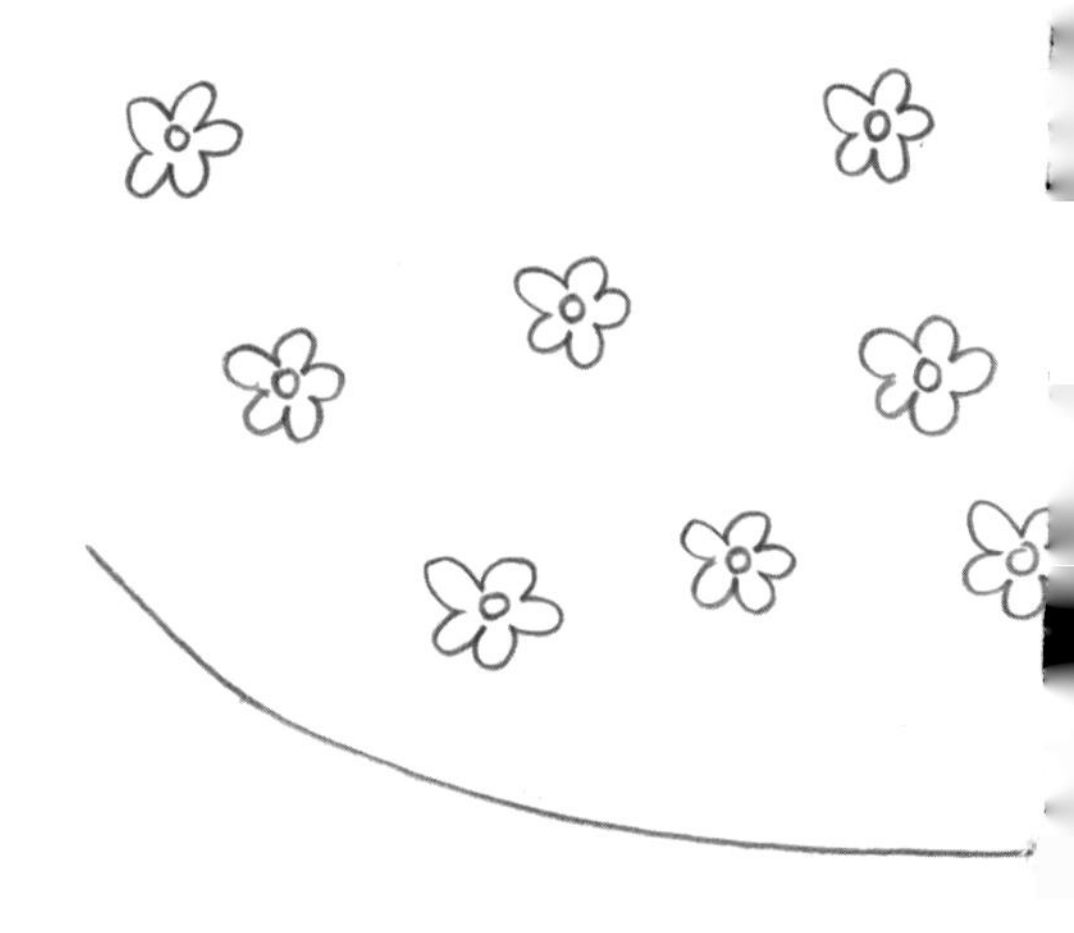

おかあちゃんのうた

そろそろ
おきなさいよう
したのへやから
おかあちゃんがよんでいる
もうすこし
わたがしみたいな
おふとんからでたくないよう
パジャマのまま

かいだんをおりる
あしがつめたい　チリチリと

おはよう　おはよう
わたしとおかあちゃん

おかあちゃんが
こたつから出してくれた
赤いソックス
あったかいなあ

あしのさきっぽから
おかあちゃんのうたが
きこえてくるよ

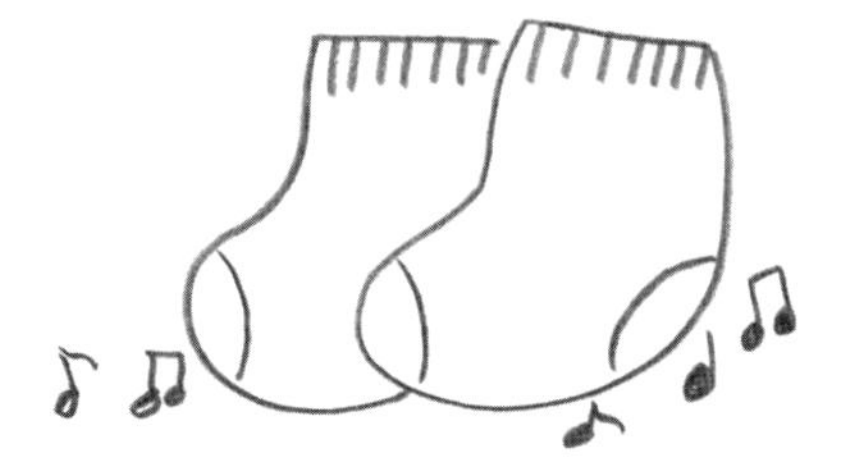

ゆき　おくってや

もしもし
あっ　おばちゃん
ぼく
だいちゃん

おばちゃんとこ
ゆき　あるのん
だいちゃんとこ
ゆき　ないねん

だいちゃんに
ゆき　おくってや
とけへんようにして
おくってや
ゆきはとけたら
みずになるねんで

ちきゅうはでっかい

ただいまぁ
おかあちゃん
たいへんたいへん

ちきゅうは
ほんまにでっかいなぁ

おうちからがっこうまで
あるいてるねん
いきもかえりもあるいてるねん

ようちえんへ
いってたときよりも
いっぱいいっぱい
あるいてるねん

せやのに
ちきゅうの
まんまるいとこが
ぜんぜんみえへんねん

ほんまに
ちきゅうは
でっかいなぁ

ぼくのせんせ

ぼくのせんせ
イルカのピアス
してはるねん

ことし
だいがくでたとこやから
ちょっとしんぱいやて
おかあちゃんが
いうたけど

おとうちゃんは
わかいことは
ええことやて
わろてはった

ぼくは
せんせだいすきや

おこったらこわいけど
ほめてくれるときは
ぎゅうって
だいてくれはるねん

めがねびじん

ゆきちゃんは
めがねかけてるねん

ようちえんのとき
めがねざるって
いわれて
いつもないててん

ぼくも

ちょっとゆうたけどな

いちねんせいになって
おんなじくみになったら
せんせが
ゆきちゃんの
なまえよんで

いやあ
ゆきちゃんて
めがねがようにあう
めがねびじんやねって

いいはってん
ゆきちゃんが
うれしそうに
わろた

ぼくも
わろた
みんなも
わろた

ふじのはなのあかちゃん

きょう
ひるやすみのじかんに
こうていで
たんけんごっこしてん

けんちゃんが
ふじだなで
きのこみつけて
ふたりで

きのこがりしてん

せんせにみせたら
これは
ふじのはなのあかちゃんや
おおきくなったら
きれいにさいたのに
いうて

せんせのめ
なみだで
いっぱいになってん

ぼくら
びっくりして
ふじのはなのあかちゃんの
おはかつくって

ごめんなさい
ごめんなさい
いうて
おいのりしてん

あたま　なでてもろてん

あのなあ
きょうなあ
ええことあってん

せんせに
あたま　なでてもろてん

こくごのかきとり
はなまるやったから

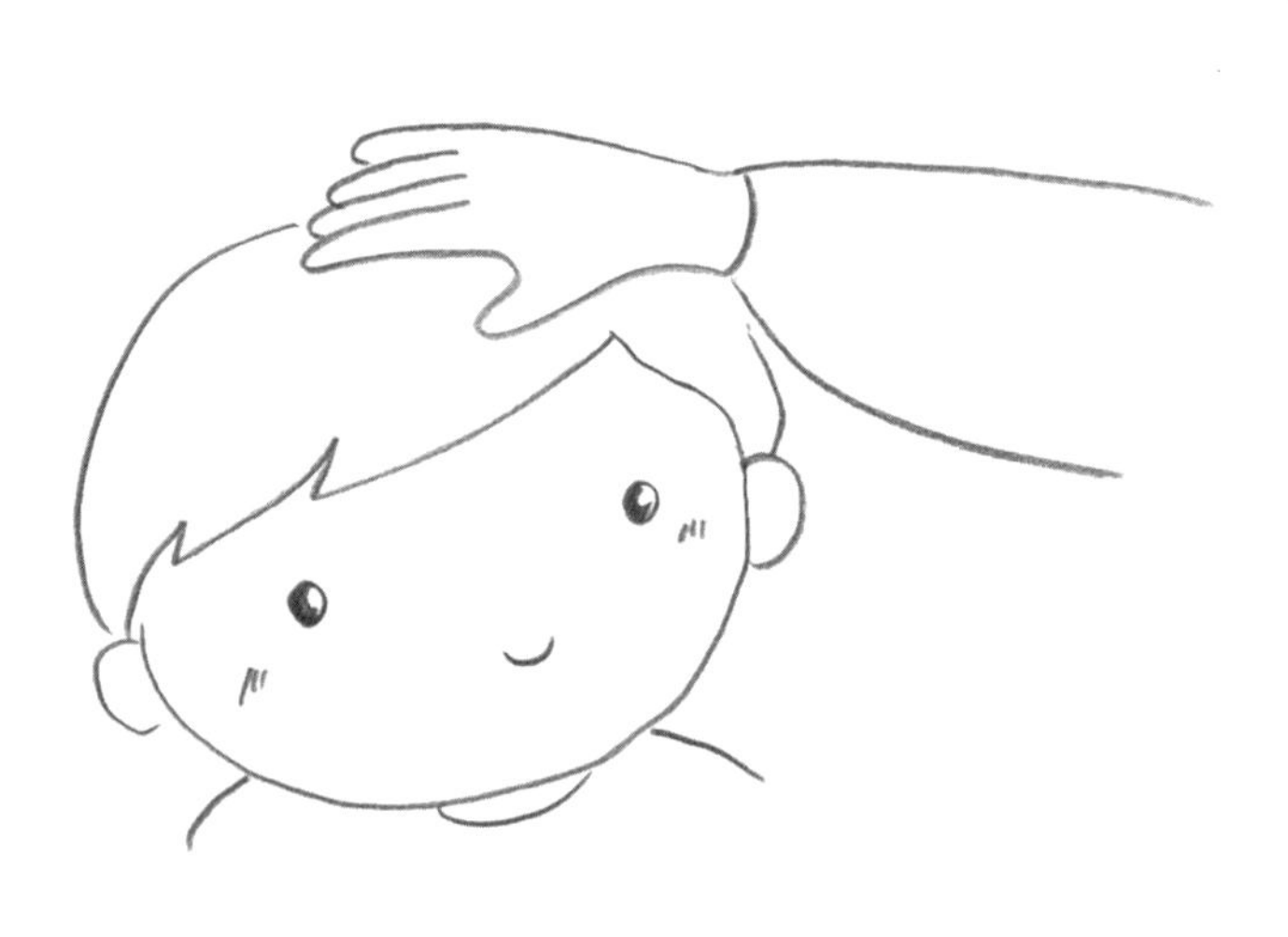

あたま　なでてもろてん
ひぐちくんも
こばやしくんも
あたま　なでてもろてん

なんでも　いうてや

せや
ええことかんがえた
ゆきをかためて
ダイヤモンドつくろ

おかあちゃん
ゆびわがええのん
イヤリングがええのん

なんでも
いうてや
なんでも
つくったげるさかい

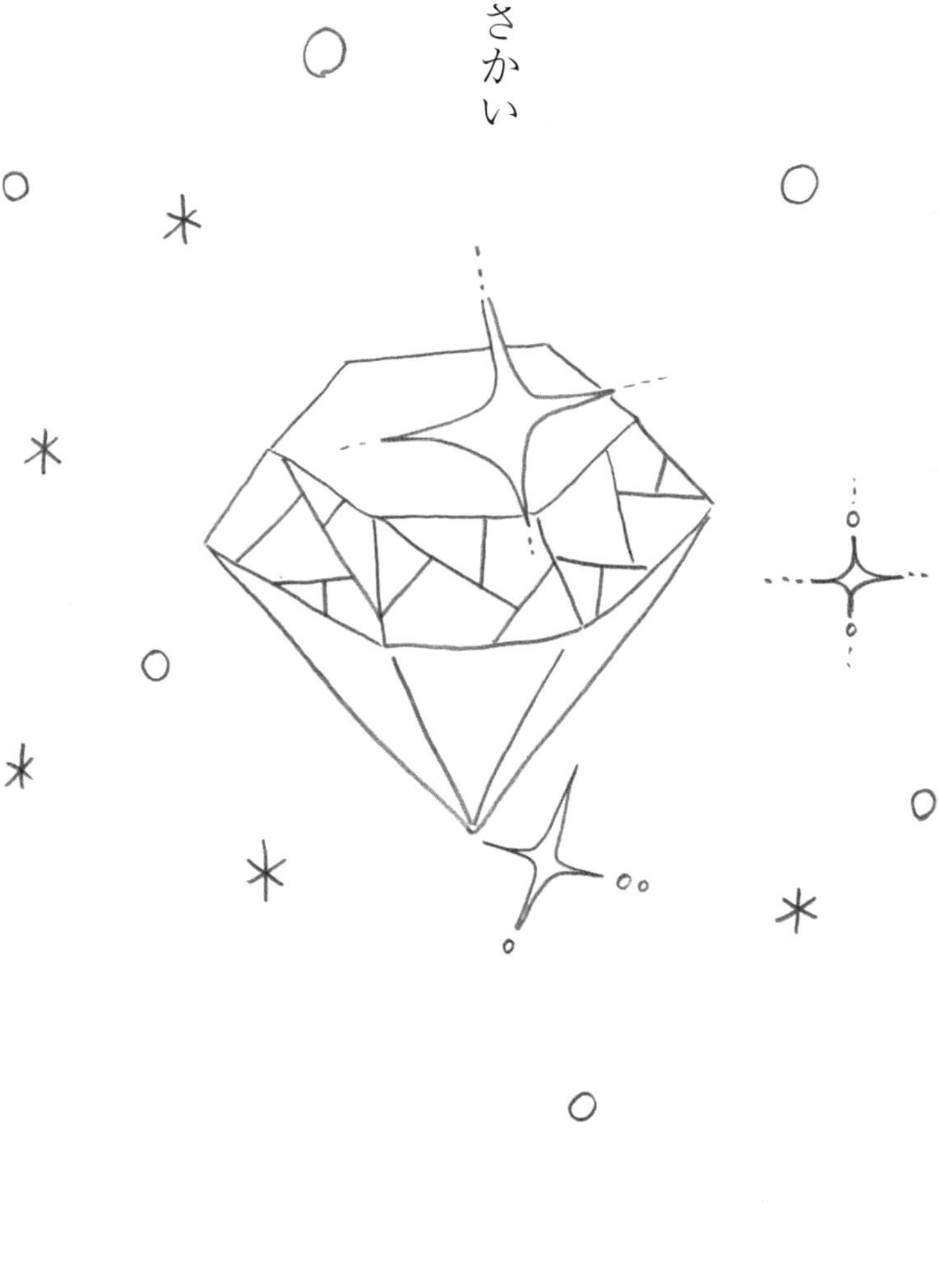

おねがい

たなばたさまのたんざくに
いちばんのおねがい
ほんとに書いてもいいのかな
せんせの耳に口をひっつけて
きいてみた

ほんとにいいねんよ
せやけど

ササにぶらさげたら
みんなが読むねんよ
と　しんぱいしてくれた

ちょっと
かんがえたけど
一年に一回のおねがいやから
書くことにした

ササの下にあつまって
みんなのおねがいを
声に出して読むことになった

わたしの番がきた

ゆうきくんと
けっこんできますように
さくら

読みおわったら
みんなが
はくしゅしてくれた

ゆうきくんは

前歯（まえば）をみせて
わらってくれた

げんきくん

わたしの七歳（さい）のたんじょうびに
金魚を四ひき買ってもらった
金魚たちに名前をつけることにした

わたしの金魚は
赤と白のてんてんもようの
うめちゃん

おとうとの金魚は

水そうのなかをウロウロヒラヒラ
あそぶくん

いもうとの金魚は
オレンジ色の
ひかりちゃん

いちばん小さい黒い金魚の
名前がきまらない

おかあさんのおなかの赤ちゃんに
きいてみることにした

おなかに口をひっつけて
「もしもーし赤ちゃんきこえますか
きみの金魚の名前はなにがいいですか
おねえちゃんにおしえてくださーい」

あっ　うごいた
おかあさんのおなかをぽんぽんけっている
げんきだね赤ちゃん

赤ちゃんがくれたおへんじは
げんきげんきの　げんきくん

あと三週間で生まれてくる赤ちゃん
早く四人きょうだいになりたいね
金魚のげんきくんも
まってるよ

肩(かた)こり

おかあちゃんは
いつも肩こってるねん

ぼくはときどき肩たたきしてあげる
おかあちゃんの肩はカチンコチンや

おかあちゃんといっしょにねてる妹は
年長さんやというのに
まだおかあちゃんのおちちさわってるねん

妹がねてしもうたら
ぼくも
ちょっとだけさわるねん

せやからな
おかあちゃんは肩がこるねん

タコ焼(や)き

ぼくが
テレビ見てても
ゲームやってても
おかあちゃんはいつも
ぼくにもたれてくるねん
「いややなあ　骨(ほね)ないのんか」
言うたら
「そうやで　おかあちゃんは
　タコやねん
　せやから　もたれさせてほしいねん」
言うねん

ぼくは急(きゅう)に
タコ焼きが食べたくなった
「タコやったら
タコ焼き作ってくれるんか」
おかあちゃんは
「まかせといてや
とびきり太(ふと)い足で作ってあげる」

タコ焼きは食べたいけど
おかあちゃんの足は
かなんなあ
ぼくは
なやみはじめたのに
おかあちゃんは
ますますもたれかかってくるねん

うち　タオルになりたい

白川君(しらかわくん)は
少年野球(しょうねんやきゅう)のピッチャー
背(せ)が高い
足が長い

三振(さんしん)　三振　また三振
ベンチにもどって
タオルで汗(あせ)を
ふき始(はじ)めやった

うちは急(きゅう)に
白川君のにぎってる
タオルになりたい思ってん

どないしょう
うち
白川君のこと
好(す)きになってしもたみたいや
タオルになりたいやなんて

クリごはん

えんそくで
クリひろいにいった
広いクリの畑に
イガイガがまどを開けて
まっていてくれた

あっ　クリのかぞくや
まんなかの母さんグリに
兄さんグリとわたしグリが

くっついている
母さん　今日は
クリかぞくのクリごはんつくってね
よっしゃーまかせといて

その夜
父さん　母さん
兄さん　わたし
みんなそろって
クリかぞくの
クリごはんを食べた
もう　まんぷくやった

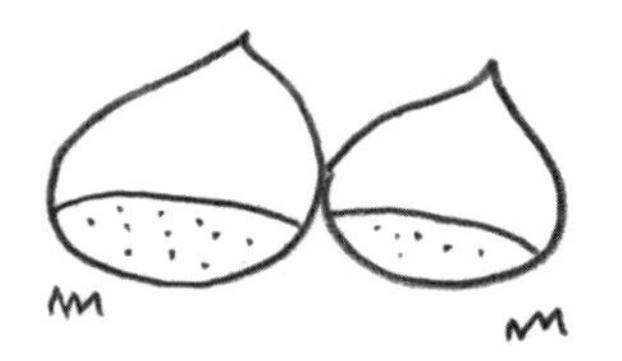

Ⅱ　キンモクセイ

赤かぶら

おせち料理の
酢漬けになるはずだったのに
ひとつ忘れられて
立春を迎え

春だよと
体が動きだし
てっぺんから葉が出て
花芽までつけて

あらごめんね

やおら
キッチンの特等席（とくとうせき）の
カウンターの上で
深呼吸（しんこきゅう）してみたら
ぷっと
花芽がほどけはじめた

ふきのとう

地球（ちきゅう）を割（わ）って
ふきのとうがでてきた

あまい味（あじ）も
すっぱい味も
土の下にのこして

ほろにがさだけを
だきしめて

ふきのとうがでてきた
まぶしいなあ
と　つぶやきながら
笑(わら)っている

コブシ

ひたすら寒さをたえぬいて
ほーっとひと息ついたとき
にぎりこぶしが熱くなり
そっと手のひらあけました
あの枝この枝いっせいに
たちまちコブシは
ゆらゆら白い花ぼんぼりに

白ぼんぼりの花の朝
となりのうちのふうちゃんは
白無垢衣装(しろむくいしょう)に身(み)をつつみ
花嫁(はなよめ)さんになりました
白いうなじを深々(ふかぶか)と下げ
花嫁姿(すがた)のかんざしゆれて
父さん母さん　ありがとう

白ぼんぼりのコブシの花も
いっぱいいいっぱい咲(さ)いている

竹の子

土の中まであたたかい
母さん竹がサヤサヤと
葉ずれの音の
子守りうた

ああいい気持ち
おねむの時間がやってきた

あしたの朝

ぼくたちは
せいいっぱい背(せ)のびして
まぶしい光をあびようよ

マンサク

たけくらべ山の尾根に
雪を残したまま
今年も
マンサクの花が咲きだした

マンサクの黄色い花が
くるくると回りだすと
田畑に人々が出て
農機のエンジン音が響く

黄色いかざくるまを見上げて
マンサク　マンサクと
つぶやきながら
農作業（のうさぎょう）に精（せい）を出す人々

今年もきっと
豊年万作（ほうねんまんさく）でありますように

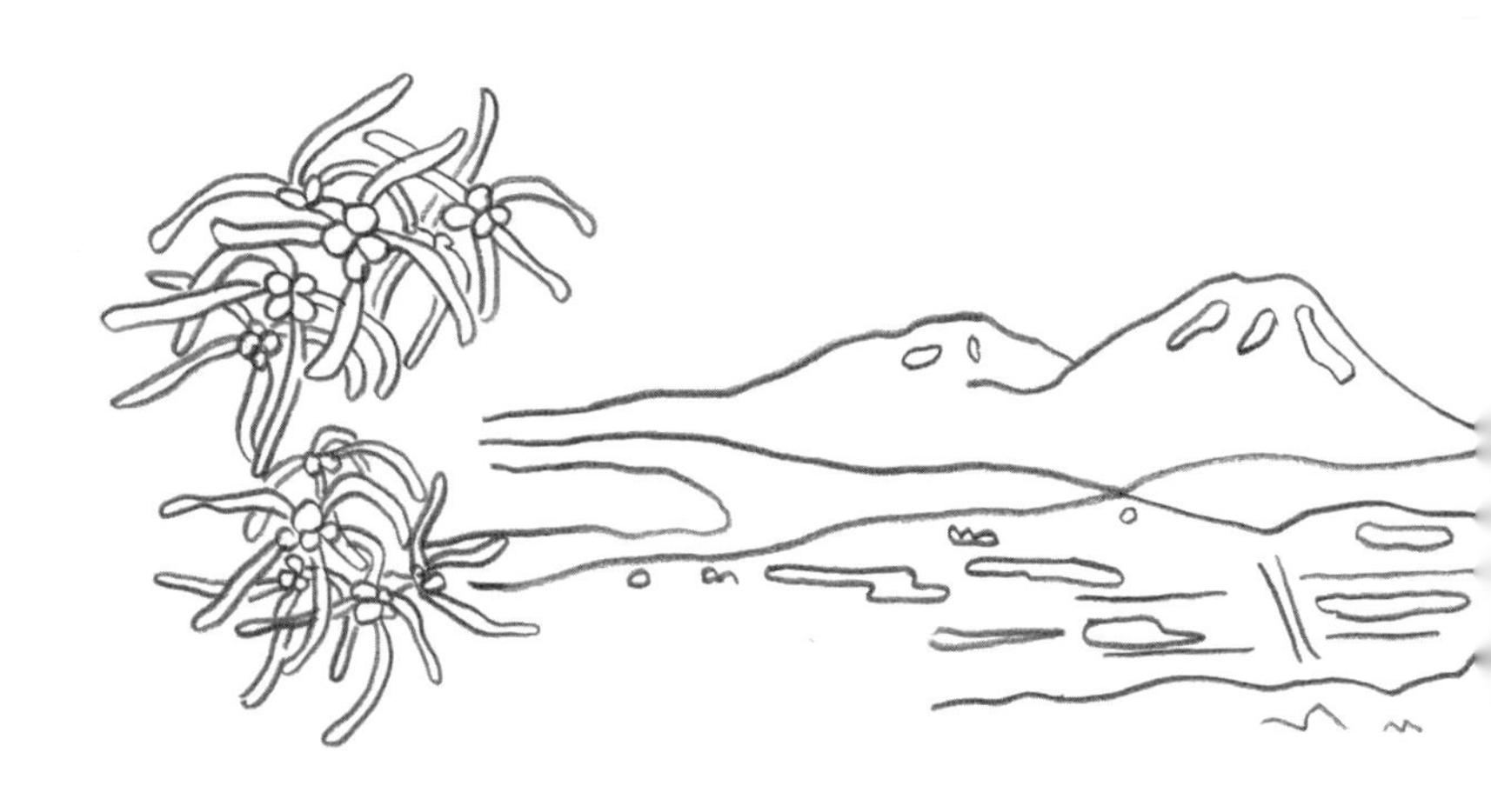

タネツケバナ

遠い山のいただきは
まだほんのりと雪帽子(ぼうし)

田んぼのあぜもうっすら白い
タネツケバナが咲(さ)き出した

タネツケバナを見つけると
じいさまたちは
やっこら腰(こし)をのばして
種(たね)もみをまく

ばあさまたちは
いそいそとあずきを炊いて
ぼた餅作り
お地蔵さまにも
お供えします

お地蔵さまはにっこりと
今年も豊作
約束します

タネツケバナは
よろこんで
白いシーツを広げていきます

ワサビ

雪解け水のせせらぎに
ワサビの花が咲きました

その娘には
純白のドレスを着せて

親の根っこは
水の中でつらいことを
抱き込んでいる

ワサビを食べると
ツーン　ツーン
涙が出るのは
そのせいでしょうか

ペンペン草

春の日の夕まぐれ
かすかに　かすかに
なつかしい音色（ねいろ）
ペンペン　ペペンペン

ハート形のバチを
左右につけて
ナズナの茎（くき）が伸（の）びている

あの粉雪（こなゆき）のようだった

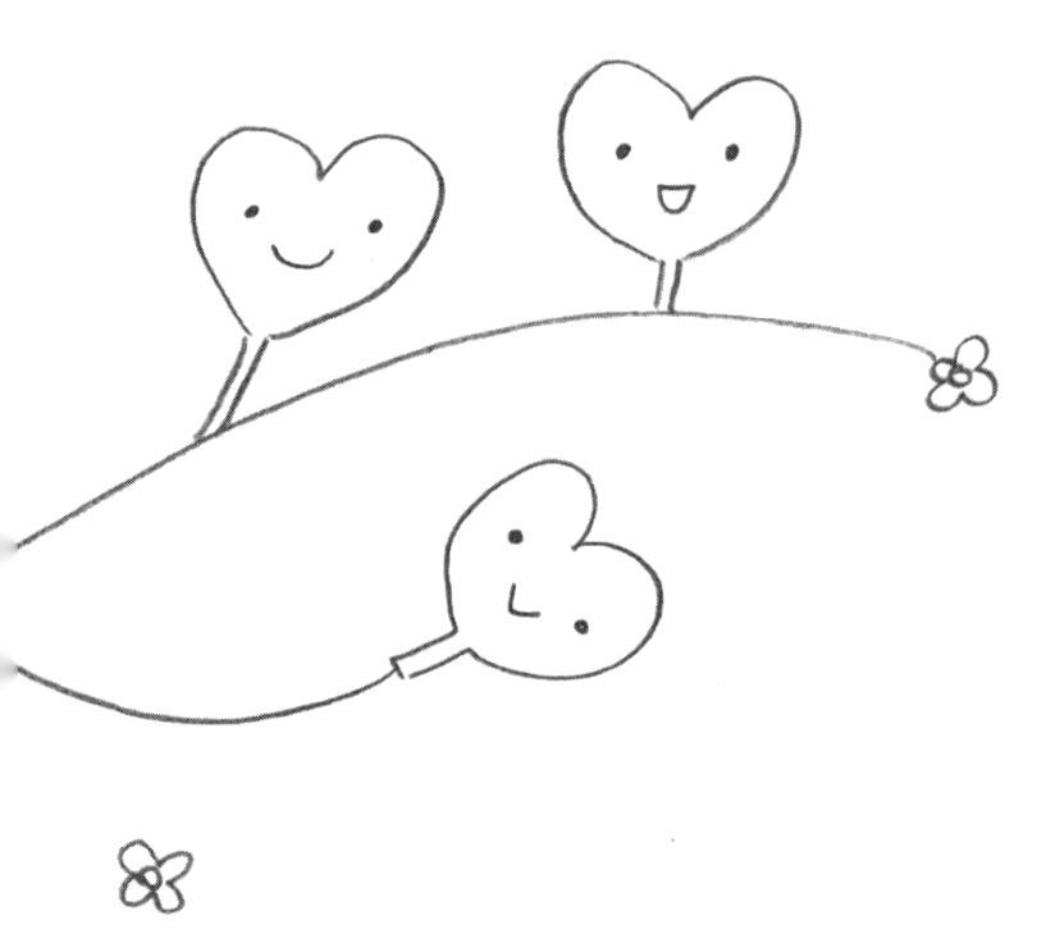

かわいい花たちが実を結び
三味線のバチとなって
おけいこの真っ最中
ペンペン　ペペンペン

小唄　長唄
ロックもジャズも
リクエスト受付け中

ペンペン草は仲間といっしょに
音を合わせて
ペンペン　ペペンペン

鷺草（さぎそう）

明けの明星（みょうじょう）の
またたきのなか
一筋（ひとすじ）の涼風（りょうふう）が
通（とお）り抜（ぬ）け

白鷺（しらさぎ）が一羽（わ）
生まれました

切り絵細工（ざいく）のような

純白の羽を広げて

今しも
東の空に向かって
飛び立とうとしている

ホタルブクロ

ホタルさん
今夜のお宿はこちらへどうぞ

白いやわらかい寝袋と
とびきり甘い蜜を
ご用意しています

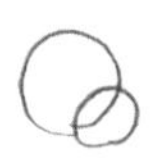

いらっしゃいませ
さあ　どうぞ

ミニトマト

プランターの
ミニトマト
まっかっか

みてみて
ほしのこどもたちが
あそびにきているよ

みどりのぼうしが

おほしさまの
しるしだよ
あかとみどり
キラキラ星の
ミニトマト

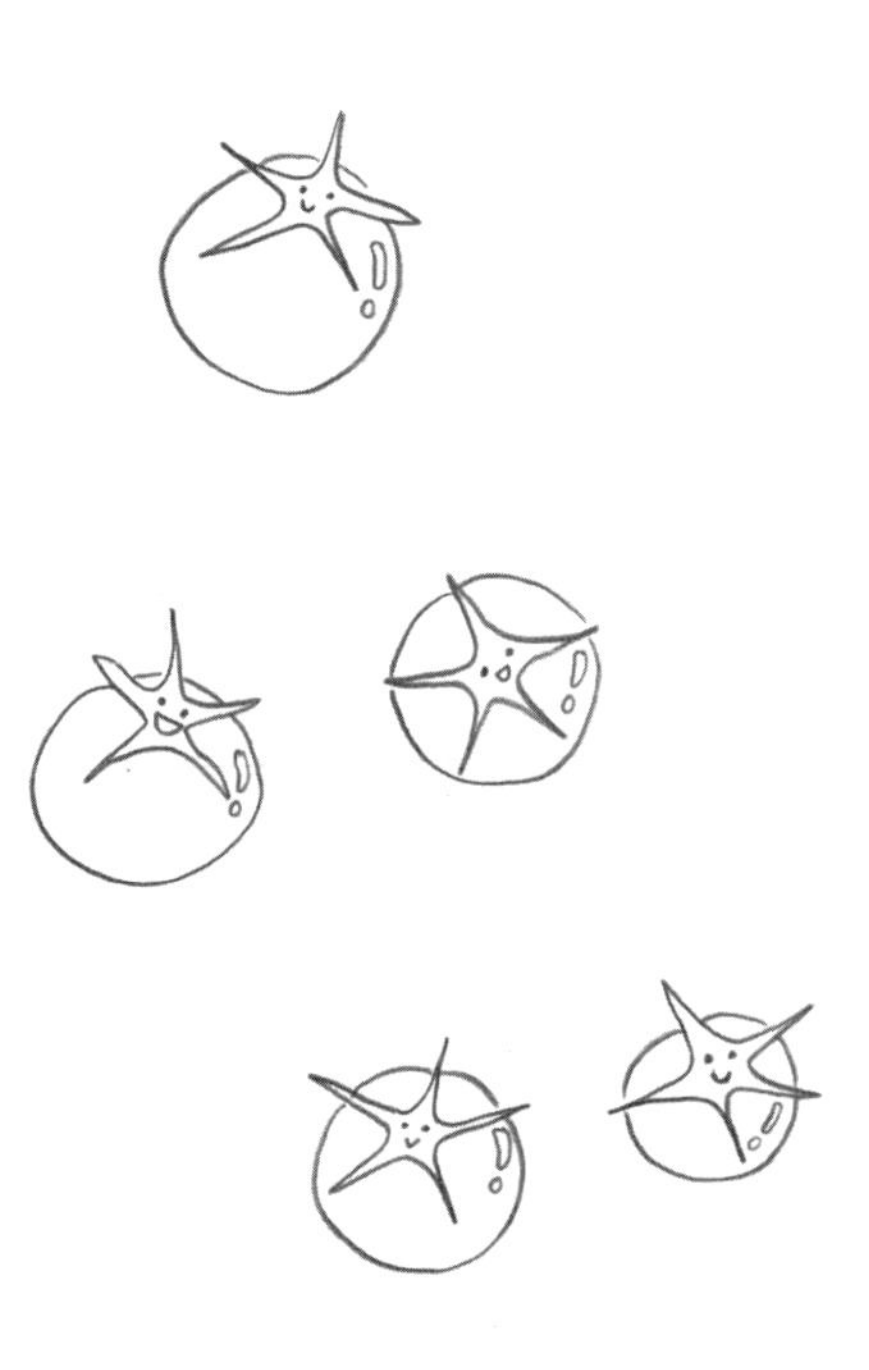

キンモクセイ

夏の夜
月のしずくが
夜露(よつゆ)になって
おりてきて

秋の日差(ひざ)しのなか
キンモクセイの花になって
月のにおいを
ふりまいている

キンモクセイは
月の花

ドングリレストラン

スニーカーで固(かた)いものをふんづけた
あっ　ドングリ
いつの間にか秋がやってきた

公園の木から木をたどって歩く
コナラ　ミズナラ
ゆりかごのなかは
クヌギの赤ちゃん
スマートでおすましは

マテバシイとスダジイ
ドングリたちは
公園のグランドで
ころころ　ころころ
おにごっこ

遠足の子どもたちが
見つけたドングリを
ポケットにパンパン
つめこむ　つめこむ

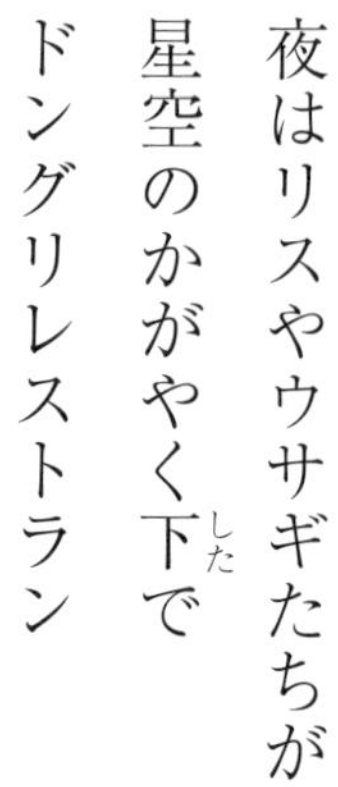

夜はリスやウサギたちが
星空のかがやく下(した)で
ドングリレストラン

カリカリ
カリポリッ
カリカリ
カリポリッ
ドングリフルコースの
ドングリレストラン
レストランは今夜(こんや)も
大はんじょう

ゆうやけジュースをめしあがれ

おかあちゃんと手をつないで
かいものに行った
ゆうやけ雲が
空いっぱいに広がっている

ぼくは
おかあちゃんの指(ゆび)を
キュッキュッとにぎった
「ニンジンみたいな色やなあ」

おかあちゃんもぼくの指を
キュッキュッとにぎってくれて
「ほんまやなあ
あっ　カレー作るのに
ニンジンわすれるとこやったわ」

おかあちゃんはカレーを作りながら
ぼくのだいすきなニンジンとハチミツで
ジュースを作ってくれた
「ゆうやけジュースをめしあがれ」
おかあちゃんのニコニコ顔に
ぼくは両手（りょうて）をあげてV（ブイ）サインをした

里いも

もう
先(せん)から
里いも畑(ばたけ)で
コオロギが鳴いている

土の中の母さんいもは
子いもたちを抱(だ)っこしながら
夜空に向(む)けて広げている
大きな葉(は)っぱを

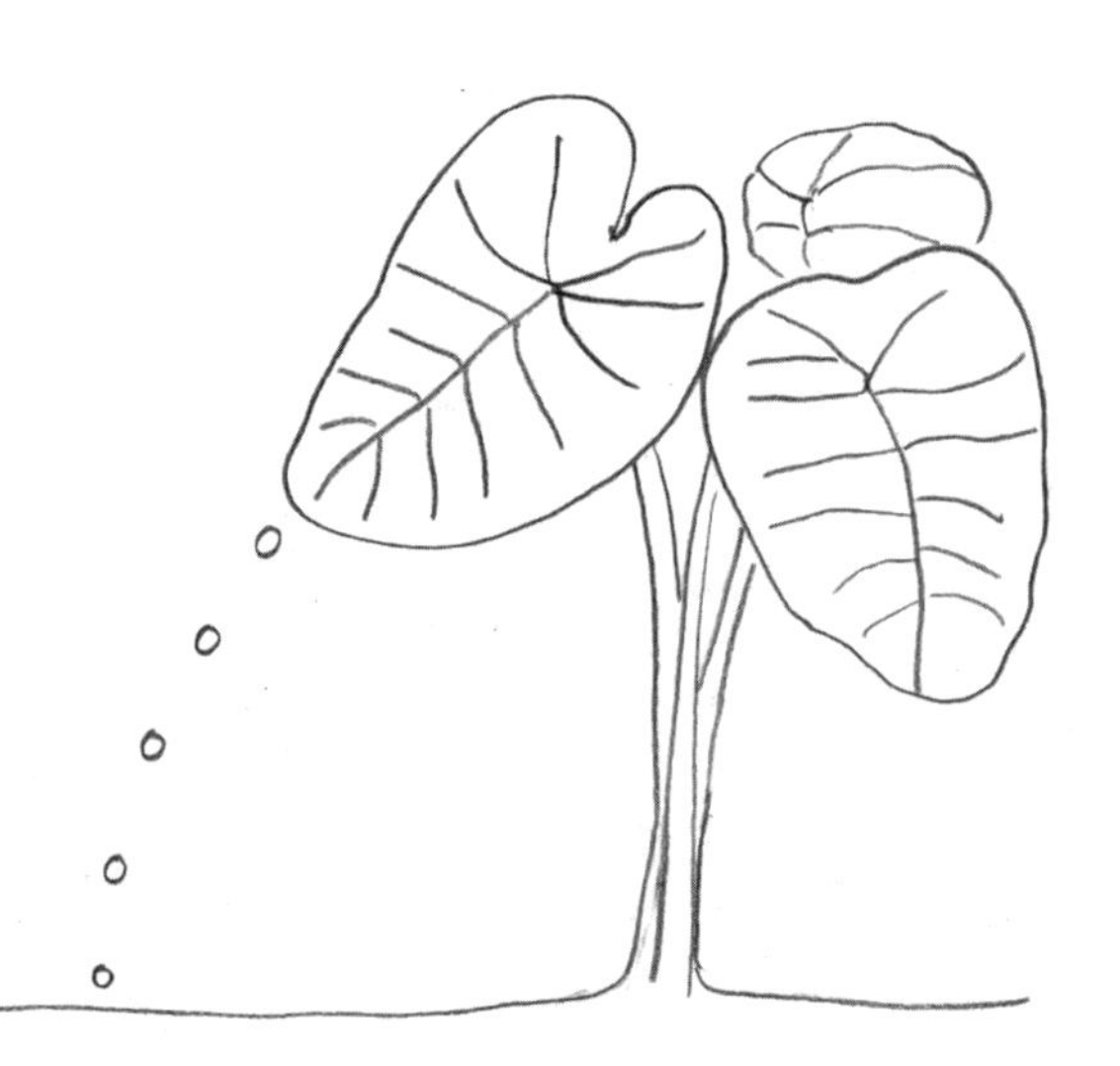

ほんの少しかたむけ
コオロギの足元へ
夜露を
コロコロとこぼす

子どもたちに
子守りうたを
聞かせてくれるお礼に
今夜も母さんいもは
甘い夜露を
コロコロ　コロコロと
コオロギに届けています

お

おまめさん
おあげさん
おいもさん
おいなりさん

いつのころからか食べ物を
親しく敬う気持ちが
言葉になって
「お」を付け

「さん」で呼んでいる

おすし
おにぎり
おうどん
おまんじゅう

伝えていきたい
言葉と気持ち

あとがき

わたくしは六人きょうだいの長女として育った経験から、自身の三人の子育てでは困ったことより楽しいことや面白かったことの方が多くて、三人三様の子どもたちの日常が愉快でいとおしく、ちょっとしたしぐさや言葉を拾い集めたことが少年詩を書くきっかけになりました。

それらを大阪で暮らしていた頃、詩と童話の同人誌「このて」に発表していたところ、その作品を評価してくださっていたのが、未知の福井県の藤井則行さんでした。

平成二年、夫の転勤に伴い福井県に移住したことから、その藤井さんに児童文学の指導を受ける好機に恵まれました。そうして、藤井さんを中心に学習している「いまだて児童文学会」の仲間たちと共にこれまで歩んできました。福井のゆたかな自然のなかで木々を渡る風や足元に咲く野の花々にも、ほおずりしたいような気持ちで日々をすごしています。

そんなこんなの、のほほん生活から生まれ出たものを、詩集『あたま　なでてもろてん』としてまとめることができました。午後のひとときパラリとページを繰りながらまどろんでくだされば嬉しいです。

最後に、藤井則行さんや美しい詩集にしてくださった銀の鈴社の西野大介さんをはじめ、「いまだて児童文学会」の皆さんには大変お世話になりました。心よりお礼申しあげます。ありがとうございました。

二〇二四年六月吉日

神内八重

詩　神内八重（かみうち・やえ）

1944　中国河北省で生まれる
1945　日本へ帰国　以後大阪府で暮らす
1990　福井県へ移住　現在に至る
2009　詩集「柘榴の記憶」を出版
　同詩集にて　北陸現代詩人賞・激励賞
　　　　　　　中日詩賞・新人賞をW受賞
詩と童話「このて」に1990～1997まで参加
銀の鈴社少年詩集に1996～応募参加現在に至る
大阪文学学校研究科修了
日本絵手紙協会公認講師
詩誌「果実」同人
福井県詩人懇話会会員
いまだて児童文学会会員
福井県越前町在住

絵　田辺　玲（たなべ・あきら）

大阪府生まれ　アメリカ在住
京都教育大学卒業後教職に就く
渡米後日本人学校補習校・全日校に勤務
その傍らイラストや絵手紙を描く
本詩集の著者神内八重の長女

NDC911
神奈川　銀の鈴社　2024
92頁　21cm（あたま　なでてもろてん）

ジュニアポエムシリーズ　314　　2024年7月7日初版発行
本体1,600円＋税

あたま　なでてもろてん

著　者　神内　八重© 田辺　玲・絵
発行者　西野大介
編集発行　㈱銀の鈴社 TEL 0467-61-1930　FAX 0467-61-1931
〒248-0017 神奈川県鎌倉市佐助1-18-21万葉野の花庵
https://www.ginsuzu.com
E-mail info@ginsuzu.com

ISBN978－4－86618－163－9 C8092
落丁・乱丁本はお取り替え致します
印刷　電算印刷
製本　渋谷文泉閣

…ジュニアポエムシリーズ…

☆日本図書館協会選定（2015年度で終了）　♪日本童謡賞　♧岡山県選定図書　◇岩手県選定図書
★全国学校図書館協議会選定（SLA）　♡日本子どもの本研究会選定　◆京都府選定図書
□少年詩賞　■茨城県すいせん図書　♥秋田県選定図書　☒芸術選奨文部大臣賞
○厚生省中央児童福祉審議会すいせん図書　♣愛媛県教育会すいせん図書　◉赤い鳥文学賞　◈赤い靴賞

…ジュニアポエムシリーズ…

- 46 日友靖子詩集 藤城清治・安西明美・絵 猫曜日だから ☆◆
- 47 秋葉てる代詩集 武田淑子・絵 ハープムーンの夜に ♡
- 48 こやま峰子詩集 山本省三・絵 はじめのいーっぽ ♡★
- 49 黒柳啓子詩集 金子滋・絵 砂かけ狐 ♡
- 50 三枝ますみ詩集 武田淑子・絵 ピカソの絵 ♡♪☆
- 51 夢虹二詩集 武田淑子・絵 とんぼの中にぼくがいる ○♥♡
- 52 はたちよしこ詩集 まど・みちお・絵 レモンの車輪 □♧
- 53 大岡信詩集 葉祥明・絵 朝の頌歌 ☆♥◎★♡
- 54 吉田瑞穂詩集 吉田翠・絵 オホーツク海の月 ☆♡★
- 55 さとう恭子詩集 村上保・絵 銀のしぶき ☆♡★
- 56 星乃ミミナ詩集 葉祥明・絵 星空の旅人 ☆♡★
- 57 葉祥明詩・絵 ありがとう そよ風 ★♡▲
- 58 青戸かいち詩集 初山滋・絵 双葉と風
- 59 小野ルミ詩集 和田誠・絵 ゆきふるるん ☆♡★♪
- 60 なぐもはるき詩・絵 たったひとりの読者 ♡♧★
- 61 小関秀夫詩集 小倉玲子・絵 風栞（かざしおり） ♡♥★
- 62 海沼松世詩集 守下さおり・絵 かげろうのなか ☆♡
- 63 山本龍生詩集 小倉玲子・絵 春行き一番列車 ♡
- 64 小泉周二詩集 深沢省三・絵 こもりうた ☆♡★
- 65 かわてせいぞう詩集 若山憲・絵 野原のなかで ★♥♡
- 66 えぐちまき詩集 赤星亮衛・絵 ぞうのかばん ◆♥♡
- 67 池田あきつ詩集 小倉玲子・絵 天気雨 ♡
- 68 藤井則行詩集 君島美知子・絵 友へ ♡♤
- 69 藤哲生詩集 武田淑子・絵 秋いっぱい ★♠
- 70 日友靖子詩集 深沢紅子・絵 花天使を見ましたか ★
- 71 吉田瑞穂詩集 吉田翠・絵 はるおのかきの木 ★
- 72 小島禄琅詩集 中村陽子・絵 海を越えた蝶 ★♡☆♥
- 73 にしおまさこ詩集 杉田幸子・絵 あひるの子 ★
- 74 山下竹二詩集 徳田徳志芸・絵 レモンの木 ★
- 75 高崎乃理子詩集 奥山英俊・絵 おかあさんの庭 ★♡
- 76 檜きみこ詩集 広瀬弦・絵 しっぽいっぽん ♪☆♡★□
- 77 たかはしけいこ詩集 高田三郎・絵 おかあさんのにおい ♡♣□
- 78 星乃ミミナ詩集 深澤邦朗・絵 花かんむり ☆♡♥
- 79 佐藤照雄詩集 津波信久・絵 沖縄 風と少年 ☆♡★
- 80 相馬梅子詩集 やなせたかし・絵 真珠のように ♥★
- 81 小島禄琅詩集 深沢紅子・絵 地球がすきだ ★
- 82 鈴木美智子詩集 黒澤梧郎・絵 龍のとぶ村 ◇★♥
- 83 いがらしれいこ詩集 高田三郎・絵 小さなてのひら ☆
- 84 宮入黎子詩集 小倉玲子・絵 春のトランペット ☆★
- 85 下田喜久美詩集 方振寧・絵 ルビーの空気をすいました ☆
- 86 野呂昶詩集 方振寧・絵 銀の矢ふれふれ ★
- 87 ちよはらまちこ詩集 ちよはらまちこ・絵 パリパリサラダ ★
- 88 秋原秀夫詩集 徳田徳志芸・絵 地球のうた ☆★
- 89 中島あやこ詩集 井上緑・絵 もうひとつの部屋 ★
- 90 藤川こうのすけ詩集 葉祥明・絵 こころインデックス ☆

✻サトウハチロー賞
☼三木露風賞
♤福井県すいせん図書
▲神奈川県児童福祉審議会推薦優良図書
♠奈良県教育研究会すいせん図書
♧北海道選定図書
◇静岡県すいせん図書
◎学校図書館図書整備協会選定図書（SLBA）
✤毎日童謡賞
❀三越左千夫少年詩賞

…ジュニアポエムシリーズ…

91 新井 和詩集・高田 三郎絵　おばあちゃんの手紙 ☆★
92 はなわたえこ詩集・えばとかつこ絵　みずたまりのへんじ ★♪
93 柏木恵美子詩集・武田 淑子絵　花のなかの先生 ☆
94 中原千津子詩集・寺内 直美絵　鳩への手紙 ★
95 髙瀬美代子詩集・小倉 玲子絵　仲なおり ★
96 杉本深由起詩集・若山 憲絵　トマトのきぶん ☆★◎ 児文芸新人賞
97 宍倉さとし詩集・守下さおり絵　海は青いとはかぎらない ♧
98 石井 英行詩集・有賀 忍絵　おじいちゃんの友だち ■
99 なかのひろ詩集・アサト・シエラ絵　とうさんのラブレター ☆★
100 小松 静江詩集・藤川 秀之絵　古自転車のバットマン
101 石原 一輝詩集・加藤 真夢絵　空になりたい ☆✧★
102 小泉 周二詩集・西 真里子絵　誕生日の朝 ☆■★
103 くすのきしげのり童謡・わたなべあきお絵　いちにのさんかんび ☆★
104 成本 和子詩集・小倉 玲子絵　生まれておいで ☆★✧♡♧
105 伊藤 政弘詩集・小倉 玲子絵　心のかたちをした化石 ★
106 川崎 洋子詩集・井戸 妙子絵　ハンカチの木 □★☆
107 柘植 愛子詩集・油野 誠一絵　はずかしがりやのコジュケイ ✧
108 新谷智恵子詩集・葉 祥明絵　風をください ☆♪♡✣
109 金親 尚子詩集・牧 進絵　あたたかな大地 ☆
110 黒柳 啓子詩集・吉田 翠絵　父ちゃんの足音 ☆★♡□
111 富田 栄子詩集・油野 誠一絵　にんじん笛 ♡☆
112 原 国子詩集・高畠 純絵　ゆうべのうちに ☆△
113 宇部 京子詩集・スズキコージ絵　よいお天気の日に ○□♪☆◇★
114 武鹿 悦子詩集・牧野 鈴子絵　お花見 ☆□
115 山本なおこ詩集・梅田 俊作絵　さりさりと雪の降る日 ☆★
116 小林比呂古詩集・おおた慶文絵　ねこのみち ☆
117 後藤れい子詩集・渡辺あきお絵　どろんこアイスクリーム ☆
118 重清 良吉詩集・高田 三郎絵　草の上 ☆□◆★
119 宮中 雲子詩集・西 真里子絵　どんな音がするでしょか ✲★
120 前山 敬子詩集・若山 憲絵　のんびりくらげ ☆★
121 川端 律子詩集・若山 憲絵　地球の星の上で ♡
122 たかはしけいこ詩集・織茂 恭子絵　とうちゃん ♡★♣
123 宮田 滋子詩集・深澤 邦朗絵　星の家族 ☆♪
124 国沢たまき詩集・唐沢 静絵　新しい空がある
125 池田あきつ詩集・小倉 玲子絵　かえるの国 ★
126 黒田 恵子詩集・倉島千賀子絵　ボクのすきなおばあちゃん ☆★♡
127 垣内 磯子詩集・宮崎 照代絵　よなかのしまうまバス ☆♡★
128 小泉 周二詩集・佐藤 平八絵　太陽へ ☆♡★♪
129 中島 和子詩集・秋里 信子絵　青い地球としゃぼんだま ☆★
130 のろさかん詩集・福島一二三絵　天のたて琴 ☆
131 加藤 丈夫詩集・葉 祥明絵　ただ今受信中 ☆★
132 北原 悠子詩集・深沢 紅子絵　あなたがいるから ♡
133 池田もと子詩集・小倉 玲子絵　おんぷになって ♡
134 鈴木 初江詩集・吉田 翠絵　はねだしの百合 ★
135 垣内 磯子詩集・今井 俊絵　かなしいときには ★

△長野県教育委員会すいせん図書　☆(財)日本動物愛護協会推薦図書
◉茨城県推奨図書　●児童ペン賞

…ジュニアポエムシリーズ…

- 136 秋葉てる代詩集 やなせたかし・絵 おかしのすきな魔法使い ♪★
- 137 青戸かいち詩集 永田萠・絵 小さなさようなら ✿★
- 138 柏木恵美子詩集 高田三郎・絵 雨のシロホン ♡★
- 139 藤井則行詩集 阿見みどり・絵 春だから ♡★◎
- 140 黒田勲子詩集 山中冬児・絵 いのちのみちを
- 141 南郷芳明詩集 的場豊子・絵 花時計
- 142 やなせたかし詩・絵 生きているってふしぎだな
- 143 内田麟太郎詩集 斎藤隆夫・絵 うみがわらっている
- 144 しまざきふみ詩集 島崎奈緒・絵 こねこのゆめ ♡
- 145 糸永えつこ詩集 武井武雄・絵 ふしぎの部屋から ♡
- 146 石坂きみこ詩集 鈴木英二・絵 風の中へ ♡
- 147 坂本のこ詩集 坂本こう・絵 ぼくの居場所 ♡
- 148 島村木綿子詩・絵 森のたまご ✿
- 149 楠木しげお詩集 わたせせいぞう・絵 まみちゃんのネコ ★
- 150 牛尾良子詩集 上矢津・絵 おかあさんの気持ち ♡
- 151 三越左千夫詩集 阿見みどり・絵 せかいでいちばん大きなかがみ ★
- 152 水村三千夫詩集 高見八重子・絵 月と子ねずみ
- 153 川越文子詩集 横松桃子・絵 ぼくの一歩ふしぎだね ★
- 154 すずきゆかり詩集 葉祥明・絵 まっすぐ空へ
- 155 西田純詩集 葉祥明・絵 木の声 水の声
- 156 清野倭文子詩集 水科舞・絵 ちいさな秘密（ひみつ）
- 157 川奈静詩集 直江みちる・絵 浜ひるがおはパラボラアンテナ ★◎
- 158 若木良水詩集 西真里子・絵 光と風の中で
- 159 牧陽子詩集 渡辺あきお・絵 ねこの詩 ★◎
- 160 宮田滋子詩集 阿見みどり・絵 愛一輪 ★◎
- 161 井上灯美子詩集 唐沢静・絵 ことばのくさり ☆♪
- 162 滝波万理子詩集 滝波裕子・絵 みんな王様（おうさま） ★♪
- 163 冨岡みち詩集 関口コオ・絵 かぞえられへん せんぞさん ★
- 164 垣内磯子詩集 辻恵子・切り絵 緑色のライオン ★◎
- 165 すぎもとれいこ詩集 平井辰夫・絵 ちょっといいことあったとき ★
- 166 岡田喜代子詩集 おぐらひろかず・絵 千年の音 ★☆◎
- 167 川奈静詩集 直江みちる・絵 ひもの屋さんの空 ★◎☆♥♡
- 168 鶴岡千代子詩集 武田淑子・絵 白い花火 ★☆
- 169 井上灯美子詩集 唐沢静・絵 ちいさい空をノックノック ★◎☆
- 170 尾崎杏子詩集 ひなた山すじゅう郎・絵 海辺のほいくえん ☆♡★◎
- 171 柘植愛子詩集 やなせたかし・絵 たんぽぽ線路 ☆♡★◎♪
- 172 小林比呂古詩集 うめざわのりお・絵 横須賀スケッチ ☆★◎♡▲
- 173 林佐知子詩集 串田敦子・絵 きょうという日 ☆★◎♡▲
- 174 後藤基宗子詩集 岡澤由紀子・絵 風とあくしゅ ☆♥★◎♡
- 175 土屋律子詩集 高瀬のぶえ・絵 るすばんカレー ☆♡★◎▲
- 176 三輪アイ子詩集 深沢邦朗・絵 かたぐるましてよ ★☆♡
- 177 田辺瑞美子詩集 西真里子・絵 地球賛歌 ☆★◎
- 178 髙瀬美代子詩集 小倉玲子・絵 オカリナを吹く少女 ☆♡
- 179 中野惠子詩集 串田敦子・絵 コロポックルでておいで ★♡☆♪
- 180 松井節子詩集 阿見みどり・絵 風が遊びにきている ★☆♡▲

…ジュニアポエムシリーズ…

181 新谷智恵子・詩集　徳田徳志芸・絵　とびたいペンギン　佐世保文学賞 ♡★◎▲

182 牛尾良子・詩集　牛尾征治・写真　庭のおしゃべり　♡★◎

183 三枝ますみ・詩集　髙見八重子・絵　サバンナの子守歌　☆★

184 佐藤雅子・詩集　佐藤太清　菊池治子・絵　空の牧場（まきば）　☆★♡■◎◈

185 山内弘子・詩集　おぐらひろかず・絵　思い出のポケット　♡★♪

186 山内弘子・詩集　阿見みどり・絵　花の旅人　♡★▲

187 原国子・詩集　牧野鈴子・絵　小鳥のしらせ　♡★△◎

188 人見敬子　詩・絵　方舟（はこぶね）地球号　—いのちは元気—　♡★◎

189 林佐知子・詩集　串田敦子・絵　天にまっすぐ　★☆♡◎

190 小臣富子・詩集　渡辺あきお・絵　わんさかわんさかどうぶつさん　✡♡★◎

191 川越文子・詩集　かまだちえみ・写真　もうすぐだからね　♡★◎

192 永田喜久男・詩集　武田淑子・絵　はんぶんごっこ　☆★◎♡

193 吉田房子・詩集　大和田明代・絵　大地はすごい　★◎♡▲

194 石井春香・詩集　髙見八重子・絵　人魚の祈り　★♡

195 石原一輝・詩集　小倉玲子・絵　雲のひるね　♡

196 たかはしけいこ・詩集　髙橋敏彦・絵　そのあと　ひとは　★

197 宮田滋子・詩集　おおた慶文・絵　風がふく日のお星さま　★♡◎

198 渡辺恵美子・詩集　つるみゆき・絵　空をひとりじめ　★♡♪

199 宮中雲子・詩集　西真里子・絵　手と手のうた　★

200 杉本深由起・詩集　太田大八・絵　漢字のかんじ　★♡❀

201 井上灯美子・詩集　唐沢静・絵　心の窓が目だったら　★♡

202 峰松晶子・詩集　おおた慶文・絵　きばなコスモスの道　★♡

203 高橋文子・詩集　山中桃子・絵　八丈太鼓　★♡

204 長野貴子・詩集　武田淑子・絵　星座の散歩　★♡

205 江口正子・詩集　髙見八重子・絵　水の勇気　♡☆★

206 藤本美智子　詩・絵　緑のふんすい　☆♡★

207 林佐知子・詩集　串田敦子・絵　春はどどど　♡★◎

208 小関秀夫・詩集　阿見みどり・絵　風のほとり　☆♡★▲

209 宗美津子・詩集　宗信寛・絵　きたのもりのシマフクロウ　♡★

210 かわてせいぞう・詩集　髙橋敏彦・絵　流れのある風景　☆♡★

211 土屋律子・詩集　高瀬のぶえ・絵　ただいまぁ　★♡☆◎▲

212 永田喜久男・詩集　武田淑子・絵　かえっておいで　☆♡★

213 みたみちこ・詩集　牧進・絵　いのちの色　♡★

214 糸永えつこ・詩集　糸永わかこ・絵　母です　息子です　おかまいなく　♡☆★

215 宮田滋子・詩集　武田淑子・絵　さくらが走る　♡☆★♪

216 柏木恵美子・詩集　吉野晃希男・絵　ひとりぼっちの子クジラ　♡★◎

217 江口正子・詩集　髙見八重子・絵　小さな勇気　♡☆★

218 井上灯美子・詩集　唐沢静・絵　いろのエンゼル　★♡

219 中島あやこ・詩集　日向山寿十郎・絵　駅伝競走　★☆♡

220 高橋孝治・詩集　髙見八重子・絵　空の道　心の道　★♡

221 江口正子・詩集　日向山寿十郎・絵　勇気の子　♡☆★

222 宮田滋子・詩集　牧野鈴子・絵　白鳥よ　☆★

223 井上良子・詩集　銅版画　太陽の指環　★

224 川越文子・詩集　山中桃子・絵　魔法のことば　♡☆★

225 西本みさこ・詩集　上司かのん・絵　いつもいっしょ　☆♡

…ジュニアポエムシリーズ…

226 おばらいちこ詩集 髙見八重子・絵 ぞうのジャンボ ☆★♡

227 吉田房子詩集 本田あまね・絵 まわしてみたい石臼 ★♡

228 吉田房子詩集 阿見みどり・絵 花 詩 集 ★♡◎

229 田中たみ子詩集 唐沢静・絵 へこたれんよ ★◎

230 林佐知子詩集 串田敦子・絵 この空につながる ★♡

231 藤本美智子 詩・絵 心のふうせん ★♡

232 火星雅範詩集 西川律子・絵 ささぶねうかべたよ ★♡▲

233 吉田房子詩集 岸田歌子・絵 ゆりかごのうた ★♡

234 むらかみみちこ詩集 むらかみみちこ むらかみあくる・絵 風のゆうびんやさん ★♡

235 白谷玲花詩集 阿見みどり・絵 柳川白秋めぐりの詩 ★♡

236 ほさかとしこ詩集 内山つとむ・絵 神さまと小鳥 ★☆♡

237 内田麟太郎詩集 長野ヒデ子・絵 まぜごはん ☆★◎♡▲

238 小林比呂古詩集 出口雄大・絵 きりりと一直線 ♡★

239 牛尾良子詩集 おぐらひろかず・絵 うしの土鈴とうさぎの土鈴 ★◎♡

240 山本純子詩集 ルイコ・絵 ふ ふ ふ ★♡☆◎

241 神田亮 詩・絵 天使の翼 ★☆♡

242 かんざわみえ詩集 阿見みどり・絵 子供の心大人の心さ迷いながら ☆★◎▲

243 永田喜久男詩集 内山つとむ・絵 つながっていく ★☆♡

244 浜野木碧 詩・絵 海原散歩 ☆★◎♡

245 やまうち・しゅうへい詩集 山本省三・絵 風のおくりもの ☆★◎♡

246 すぎもとれいこ 詩・絵 てんきになあれ ★◎

247 冨岡みち詩集 加藤真夢・絵 地球は家族 ひとつだよ ♡☆◎★

248 北野千賀詩集 滝波裕子・絵 花束のように ♡☆★◎

249 石原一輝詩集 加藤真夢・絵 ぼくらのうた ♡★◎

250 土屋律子詩集 高瀬のぶえ・絵 まほうのくつ ♡☆★◎▲

251 津坂治男詩集 井上良子・絵 白い太陽 ☆♡★◎

252 石井英行詩集 よしだちなつ・表紙絵 野原くん ☆★♡◎▲

253 井上灯美子詩集 唐沢静・絵 たからもの ☆♡★

254 大竹典子詩集 加藤真夢・絵 おたんじょう ☆★

255 たかはしけいこ詩集 織茂恭子・絵 流れ星 ★♡

256 谷川俊太郎詩集 下田昌克・絵 そ し て ♡★◎

257 なんば・みちこ詩集 布下満・絵 トックントックン 大空で大地で ★◎

258 宮本美智子詩集 阿見みどり・絵 夢の中に そっと ★◎♡

259 成本和子詩集 阿見みどり・絵 天使の梯子 ★◎

260 海野文音詩集 牧野鈴子・絵 ナンドデモ ★♡

261 熊谷本郷詩集 永田萠・絵 かあさん かあさん ★♡

262 大楠翠詩集 吉野晃希男・絵 おにいちゃんの紙飛行機 ★♡♪

263 久保恵子詩集 たかせちなつ・絵 わたしの心は 風に舞う ★♡

264 みずかみさやか詩集 葉祥明・絵 五月の空のように ★♡

265 尾崎昭代詩集 中辻アヤ子・絵 たんぽぽの日 ★

266 はやしゆみ詩集 渡辺あきお・絵 わたしはきっと小鳥 ★

267 田沢節子詩集 永田萠・絵 わき水ぷっくん △★♡

268 柘植愛子詩集 そねはらまさえ・絵 赤いながぐつ ★♡

269 馬場与志子詩集 日向山寿十郎・絵 ジャンケンポンでかくれんぼ ♡★

270 内田麟太郎詩集 高畠純・絵 たぬきのたまご ★●♡

ジュニアポエムシリーズは、子どもにもわかる言葉で真実の世界をうたう個人詩集のシリーズです。

本シリーズからは、毎回多くの作品が教科書等の掲載詩に選ばれており、1974年以来、全国の小・中学校の図書館や公共図書館等で、長く、広く、読み継がれています。

心を育むポエムの世界。

一人でも多くの子どもや大人に豊かなポエムの世界が届くよう、ジュニアポエムシリーズはこれからも小さな灯をともし続けて参ります。

- 271 むらかみみちこ 詩・絵　家族のアルバム ★♡
- 272 井上和子詩集 吉田瑠美・絵　風のあかちゃん ★♡
- 273 佐藤一志詩集 日向山寿十郎・絵　自然の不思議 ♡★
- 274 小沢千恵 詩・絵　やわらかな地球 ♡★
- 275 あべこうぞう詩集 大谷さなえ・絵　生きているしるし ♡★
- 276 宮田滋子詩集 田中槇子・絵　チューリップのこもりうた ★♡
- 277 林佐知子詩集 葉祥明・絵　空の日 ★♡
- 278 いしがいようこ 詩・絵　ゆれる悲しみ ★♡
- 279 村瀬保子詩集 武田淑子・絵　すきとおる朝 ♡★
- 280 あわのゆりこ詩集 高畠純・絵　まねっこ ★♡
- 281 川越文子詩集 福田岩緒・絵　赤い車 ★♡
- 282 白石はるみ詩集 かないゆみこ・絵　エリーゼのために ★♡
- 283 尾崎杏子詩集 日向山寿十郎・絵　ぼくの北極星 ♡★
- 284 壱岐梢詩集 葉祥明・絵　ここに ★
- 285 野口正路詩集 山手正彦・絵　光って生きている ★◎
- 286 樋口てい子詩集 串田敦子・絵　ハネをもったコトバ ★◎
- 287 火星雅範詩集 西川律子・絵　ささぶねにのったよ
- 288 大楠翠詩集 吉野晃希男・絵　はてなとびっくり ★◎✿
- 289 大澤清詩集 阿見みどり・絵　組曲 いかに生きるか ★
- 290 たかはしけいこ詩集 織茂恭子・絵　いっしょ ★♡◎
- 291 内田麟太郎詩集 大野八生・絵　なまこのぽんぽん ★◎○
- 292 はやしゆみ詩集 はなてる・絵　こころの小鳥 ♡★◎
- 293 いしがいようこ 詩・絵　あ・そ・ぼ！ ★♡◎
- 294 帆草とうか 詩・絵　空をしかくく切りとって ★♡
- 295 土屋律子詩集 吉野晃希男・絵　コピーロボット ★◎♡
- 296 川上佐貴子詩集 はなてる・絵　アジアのかけ橋 ♡★◎
- 297 西沢杏子詩集 東逸子・絵　さくら貝とプリズム ♡★◎
- 298 鈴木初江詩集 小倉玲子・絵　めぐりめぐる水のうた ★◎
- 299 白谷玲花詩集 牧野鈴子・絵　母さんのシャボン玉 ◎★
- 300 ゆふあきら詩集 ゆふくみこ・絵 やまぐちかおる・絵　すずめのバスケ ♡★◎
- 301 半田信和詩集 吉野晃希男・絵　ギンモクセイの枝先に ★◎
- 302 弓削田健介詩集 葉祥明・絵　優（やさ）しい詩（うた）のお守（まも）りを ★♡
- 303 内田麟太郎詩集 井上コトリ・絵　たんぽぽぽぽぽ ★◎♡
- 304 宮本美智子詩集 阿見みどり・絵　水色の風の街 ★◎♡
- 305 星野良一詩集 ながしまよいち・絵　星の声、星の子へ ◎♡★✿
- 306 うたかいずみ詩集 しんやゆう子・絵　あしたの木 ♪♡★◎
- 307 藤本美智子 詩・絵　木の気分 ♡★◎
- 308 大迫弘和詩集 葉祥明・絵　ルリビタキ ★◎
- 309 林佐知子詩集 髙見八重子・絵　いのちの音 ★
- 310 森木林詩集 葉祥明・絵　あたたかな風になる ★♡
- 311 内田麟太郎詩集 かみやしん・絵　たちつてと ★♡
- 312 星野良一詩集 ながしまよいち・絵　スターライト ★
- 313 雨森政恵詩集 おむらまりこ・絵　いのちの時間
- 314 神内八重詩集 田辺玲・絵　あたま なでてもろてん
- 315 網野秋詩集 西川律子・絵　ことばの香り

＊刊行の順番はシリーズ番号と異なる場合があります。

銀の小箱シリーズ　四六変型

- 葉 祥明 詩・絵　小さな庭
- 若山 憲 詩・絵　白い煙突
- こばやしひろこ・詩　うめざわのりお・絵　みんななかよし
- 江口 正子・詩　油野 誠一・絵　みてみたい
- やなせたかし 詩・絵　あこがれよなかよくしよう
- 富岡 みち・詩　関口 コオ・絵　ないしょやで
- 小林比呂古・詩　神谷 健雄・絵　花かたみ
- 小泉 周二・詩　辻 友紀子・絵　誕生日・おめでとう
- 柏原 耿子・詩　阿見みどり・絵　アハハ・ウフフ・オホホ★♡▲
- こばやしひろこ・詩　うめざわのりお・絵　ジャムパンみたいなお月さま★▲

小さな詩の絵本　新企画 オールカラー・A6判

- 内田麟太郎・詩　たかすかずみ・絵　いっしょに♡★◎

すずのねえほん　B5判・A4変型版

- たかはしけいこ・詩　中釜浩一郎・絵　わたし★◎
- 尾上 尚子・詩　小倉 玲子・絵　ぽわぽわん
- 糸永えつこ・詩　高見八重子・絵　はるなつあきふゆもうひとつ★ 児文芸新人賞
- 山口 敦子・詩　高橋 宏幸・絵　ばあばとあそぼう
- あらい・まさはる・童謡　しのはられみ・絵　けさいちばんのおはようさん
- 佐藤 雅子・詩　佐藤 太清・絵　こもりうたのように♪ 美しい日本の12ヵ月 日本童謡賞
- 柏木 隆雄・詩　やなせたかし他・絵　かんさつ日記★♡
- マリウス・マルツィンケヴィチウス・詩　ラサ・ヤンチャウスカイテ・絵　きむらあや・訳　ちいさなちいさな♡◎★

銀の鈴文庫　文庫サイズ・A6判

- 小沢 千恵・詩　下田 昌克・絵　あのこ♡▲

アンソロジー　A5判

- 渡辺 浦人・編　村上 保・絵　赤い鳥 青い鳥♪
- わたげの会・編　渡辺あきお・絵　花ひらく★
- 木曜会・編　西 真里子・絵　いまも星はでている★
- 木曜会・編　西 真里子・絵　いったりきたり♡
- 木曜会・編　西 真里子・絵　宇宙からのメッセージ
- 木曜会・編　西 真里子・絵　地球のキャッチボール★◎
- 木曜会・編　西 真里子・絵　おにぎりとんがった☆★◎
- 木曜会・編　西 真里子・絵　みぃーつけた♡★◎
- 木曜会・編　西 真里子・絵　ドキドキがとまらない
- 木曜会・編　西 真里子・絵　神さまのお通り★
- 木曜会・編　西 真里子・絵　公園の日だまりで★♡
- 木曜会・編　西 真里子・絵　ねこがのびをする♡★

掌の本 アンソロジー　A7判

- こころの詩 I　品切
- しぜんの詩 I
- いのちの詩 I　品切
- ありがとうの詩 I　品切
- 詩集 希望
- 詩集 家族
- いのちの詩集―いきものと野菜
- ことばの詩集―方言と手紙
- 詩集―夢・おめでとう
- 詩集―ふるさと・旅立ち

掌の本　A7判

- 森埜こみち・詩　こんなときは！